Packo Jansen

Geschenke umweltfreundlich verpacken

Gedruckt auf chlorfreiem Papier

FALKEN

INHALT

Vorwort

Das vorliegende Buch macht Sie mit ausgewählten Verpackungsideen bekannt, für die ausschließlich umweltfreundliche Materialien verwendet werden. Täglich gestaltet Packo Jansen in Frankfurt solche und ähnliche Entwürfe – und immer unter besonderer Berücksichtigung der individuellen Situation zwischen dem Schenkendem und dem Beschenktem.

Die hier gezeigten Verpackungstechniken sind bewußt einfach gehalten und daher auch von weniger Geübten mit Hilfe der Schritt-für-Schritt-Zeichnungen sehr schnell nachzuvollziehen. Einige klassische Falttechniken sind immer wieder notwendig, um rechteckige Geschenke sauber und sorgfältig zu verhüllen.

Material- und Mengenvorschläge für jedes Objekt erleichtern das Einkaufen; umweltfreundliche Papiere und Bänder finden Sie in guten Papier- und Geschenkverpackungsläden. Doch nach der Lektüre dieses Buches werden Sie feststellen, daß Sie vieles schon zu Hause haben: oft werden lediglich Wellpappe, gebrauchtes Geschenkpapier, Stoffe und Pappkartons verwendet.

Dekorationen mit Schleifenmaterial hingegen sowie Tüll, Satinbandrosen und Folie sind bereits im Buch „Geschenke wunderschön verpacken" ausführlich behandelt worden. Statt dessen arbeiten Sie hier z.B. mit Papierbändern, -streifen oder -kordeln sowie mit Lederbändchen. Wenn Sie mit Dekorationen sparsam umgehen wollen, so deckt sich das mit einer umweltbewußten Haltung und fügt sich nahtlos in eine nicht übertriebene Geschenkpräsentation ein.

Wenn Sie auf ansprechenden Geschenkschmuck Wert legen, sollten Sie sich vorher klarmachen, wer was von Ihnen zu welchem Anlaß wie und wo geschenkt bekommt. Hierzu nun einige wichtige Gedanken, bevor Sie beginnen:

- Wird die zu beschenkende Person es schätzen, daß Sie sich Mühe gegeben haben?
- Wird man Ihren Gedanken folgen und es Ihnen zugute halten, daß Sie umweltfreundliches Material verwendet haben?
- Wird man Ihnen anrechnen, daß Sie ein bißchen Kunsthandwerk eingebracht haben, ja vielleicht künstlerisch tätig geworden sind?
- Ist der Transport problemlos?
- Welche Farben mögen ältere Menschen, welche werden von jüngeren bevorzugt?
- Soll der Empfänger gleich den Inhalt oder einen Teil davon sehen; soll das Auspacken also später geschehen?

All diese Aspekte zeigen, daß sich das Buch an diejenigen wendet, die eine Verpackung nicht zum Selbstzweck werden lassen wollen, sondern die verantwortungsbewußt Material sparsam und situationsbedingt aussuchen und einsetzen. Dabei legen sie Wert auf gestalterische Klarheit und leicht nachvollziebare Machbarkeit.

Wer weiß, vielleicht wird die eine oder andere Geschenkhülle als Schmuck aufbewahrt.

Material und Werkzeug

Umweltfreundliches Verhüll- und Dekorationsmaterial sind ein Muß, wenn Sie den Ideen dieses Anregungsbuches folgen wollen. Ökologische Gedanken wie Reduzierung auf das Wesentliche, Wiederverwertung und die Abkehr von Unnützem – weg von Glitzer und Glimmer und Kunststoffen – sind wichtige Aspekte. Vielen Menschen ist mittlerweile die Verwendung natürlich vorhandener Mittel sowie ein verantwortungsbewußter Ge- und Verbrauch nachwachsender Grundstoffe wichtig. Das führt zur Benutzung von z.B. Strohseide, Maulbeerbaumrindenprodukten und Baumwollstoffen. Auch Wellpappe, Pappe, Packpapier – braun oder buntbedruckt –, Papierbänder und Kartons sind fast alle aus Substanzen, die in der einen oder anderen Form schon einmal gebraucht wurden. Lederbändchen, Papierkordeln und -bänder und manches in Streifen geschnittene und/oder geknüllte Geschenkpapier vom letzten Jahr genügen als Dekoration für die gezeigten Verpackungsbeispiele. Hobelspäne, Holzwolle oder Seidenpapier dienen z.B. als Transportschutz oder als Schmuck.

Vieles finden Sie bei sich zu Hause, manches in guten Papier-, Bürobedarfs- und Verpackungsläden.

Die Werkzeuge beschränken sich nur noch auf Lineal, Bleistift (zum Durchstechen von Löchern und für Markierungen), Schere; einfaches und doppelseitiges Klebeband sowie Klebestift oder lösungsmittelfreien Klebstoff (zum Fixieren).

Pritt
Stift

Neue Welle

Schmuckkästchen

Auftragsbuch Seite 134
Geschenk: Schmuckkästchen

Anlaß: zum Geburtstag für eine junge Dame, Anfang 30, Bildhauerin und Holzschnitzerin; natürliche Erscheinung, sammelt alte Postkarten

MATERIAL:
1 Stück Wellpappe (einseitig mit Papier beklebt) 150 x 30 cm für das Grundteil
2 Streifen Wellpappe (wie oben), je 5 m lang, 4 cm breit – evtl. in mehreren Stücken – für die Seitenteile
1 m Papierband, 9 cm breit
eine Handvoll Holzwolle oder Hobelspäne
Klebstoff oder Klebestift, doppelseitiges Klebeband

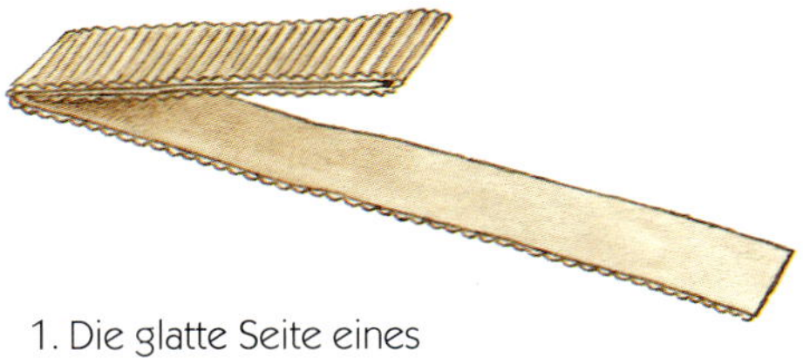

1. Die glatte Seite eines Wellpappestreifens der Länge nach mit Klebstoff bestreichen und – an einem Ende beginnend – 20 cm umschlagen und auf die darunterliegende Wellpappefläche kleben.

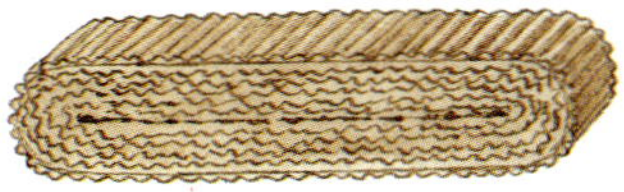

2. Den Streifen so lange umschlagen und aufkleben, bis rund 5 m verbraucht sind und eine flache, längliche Rolle entstanden ist. Mit dem zweiten Wellpappestreifen verfahren Sie genauso. Achten Sie darauf, daß beide Rollen gleich lang und gleich hoch sind.

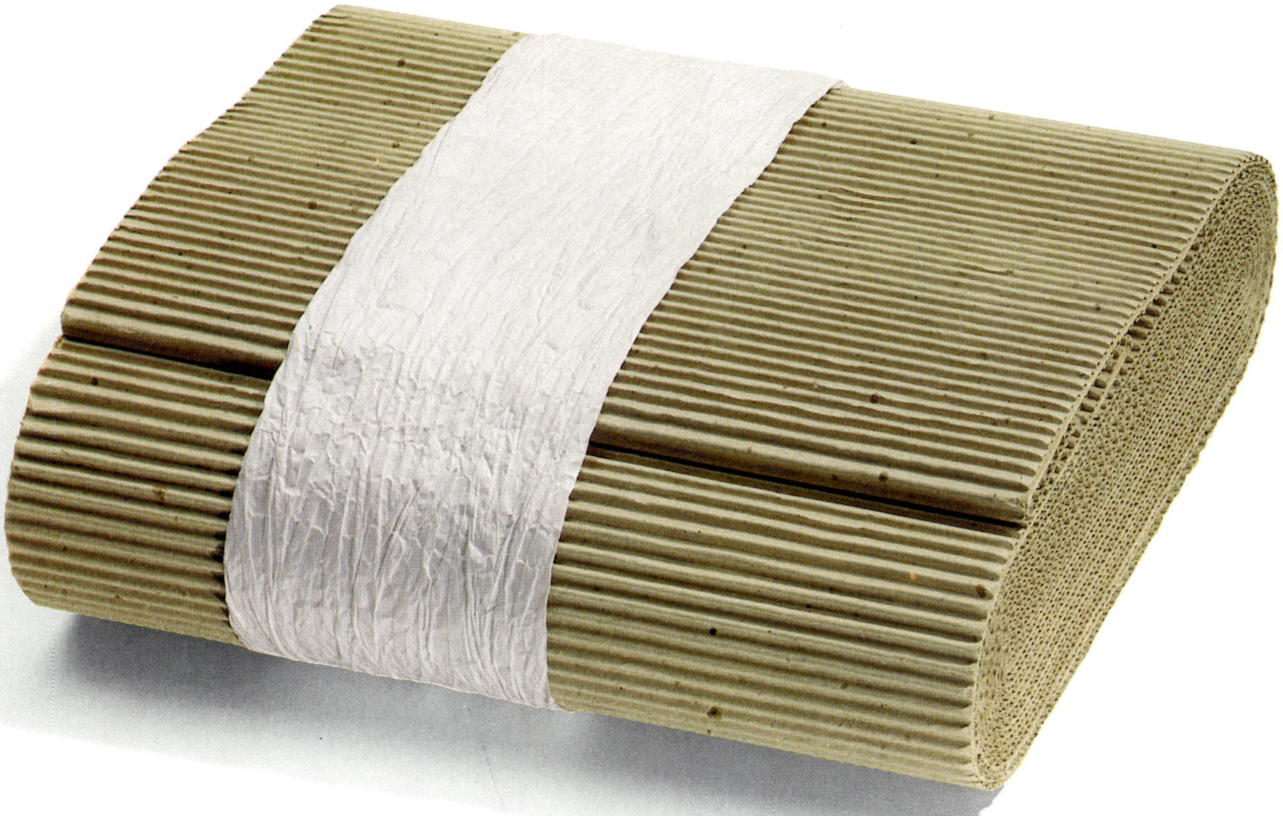

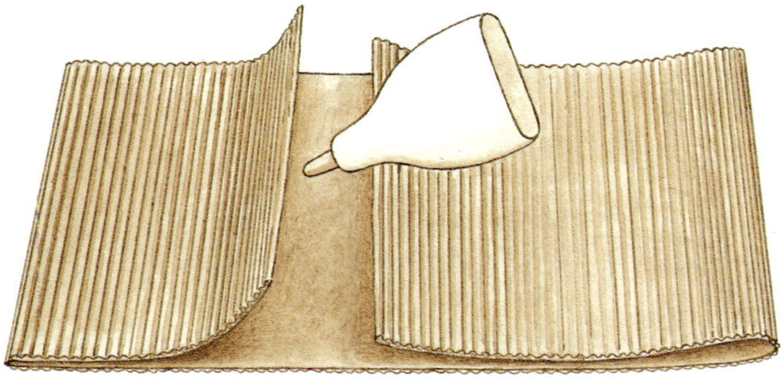

3. Die Wellpappe für das Grundteil mit den glatten Seiten aufeinanderkleben, so daß sie doppelt stark und beidseitig gewellt ist.

4. Bestreichen Sie nun beide flachen Rollen reichlich mit Klebstoff, fixieren Sie sie, wie gezeigt, etwa in der Mitte des Grundteils, und drücken Sie sie fest an.

5. Jetzt ziehen Sie das kürzere Ende der Wellpappe über die Rollen und drücken es fest an. Das Geschenk und Holzwolle oder Hobelspäne hineinlegen und die Verpackung verschließen.

6. Das Papierband um die Verpackung legen und auf der Rückseite mit doppelseitigem Klebeband fixieren.

BRIEFÖFFNER

Auftragsbuch Seite 172
Geschenk: bronzener Brieföffner (Elefant)

Anlaß: Mitbringsel zur Party, für einen Herrn, Architekt, Mitte 40, so ein zweiter Hundertwasser; sammelt alles über Elefanten

MATERIAL:
1 Stück Wellpappe (einseitig mit Papier beklebt) 80 x 30 cm für das Grundteil
2 Streifen Wellpappe (wie oben), je 2,50 m lang, 4 cm breit – evtl. in mehreren Stükken – für die Seitenteile
70 cm blaugrünes und 40 cm lila Papierband, je 9 cm breit
Kringelband
Klebstoff oder Klebestift

1. Die glatte Seite des Wellpappestreifens ganz mit Klebstoff bestreichen und – an einem Ende beginnend – zu einer Rolle aufwickeln.

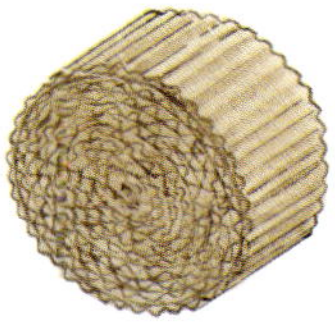

2. Genausc verfahren Sie mit dem zweiten Wellpappestreifen. Jetzt haben Sie zwei gleich große, runde Rollen.

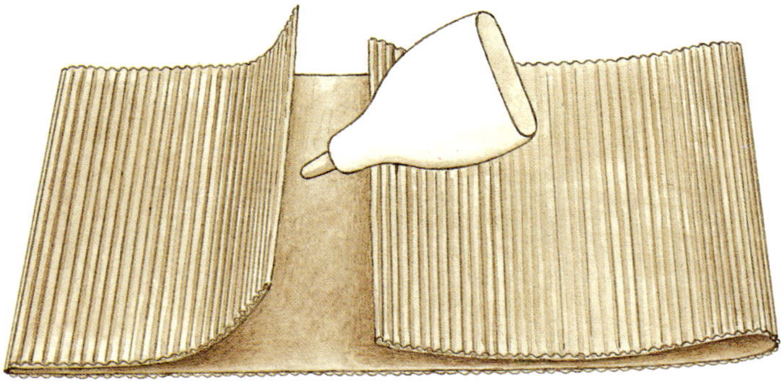

3. Die Wellpappe für das Grundteil mit den glatten Seiten aufeinanderkleben, so daß sie doppelt stark und beidseitig gewellt ist.

4. Bestreichen Sie nun beide Rollen reichlich mit Klebstoff, fixieren Sie sie, wie gezeigt, nahe an einem Ende des Grundteils, und drücken Sie sie fest an. Jetzt ziehen Sie das Ende der Wellpappe über die Rollen, drücken es ebenfalls fest an und legen das Geschenk hinein. Die Verpackung müssen Sie bis zum anderen Ende der Wellpappe zusammenrollen und dann mit Klebstoff verschließen.

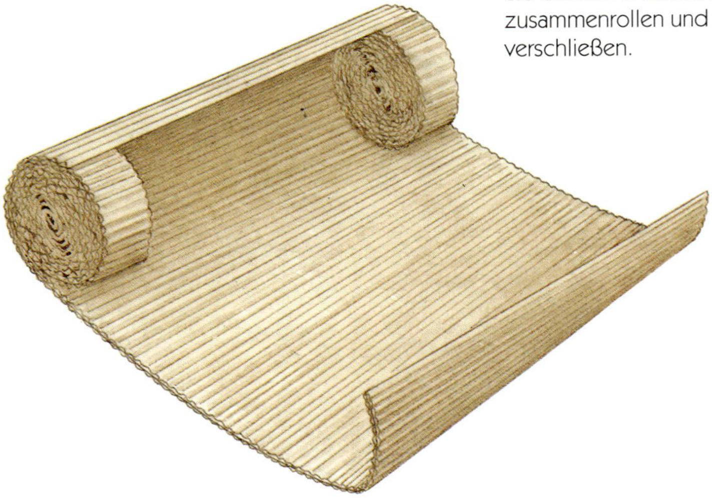

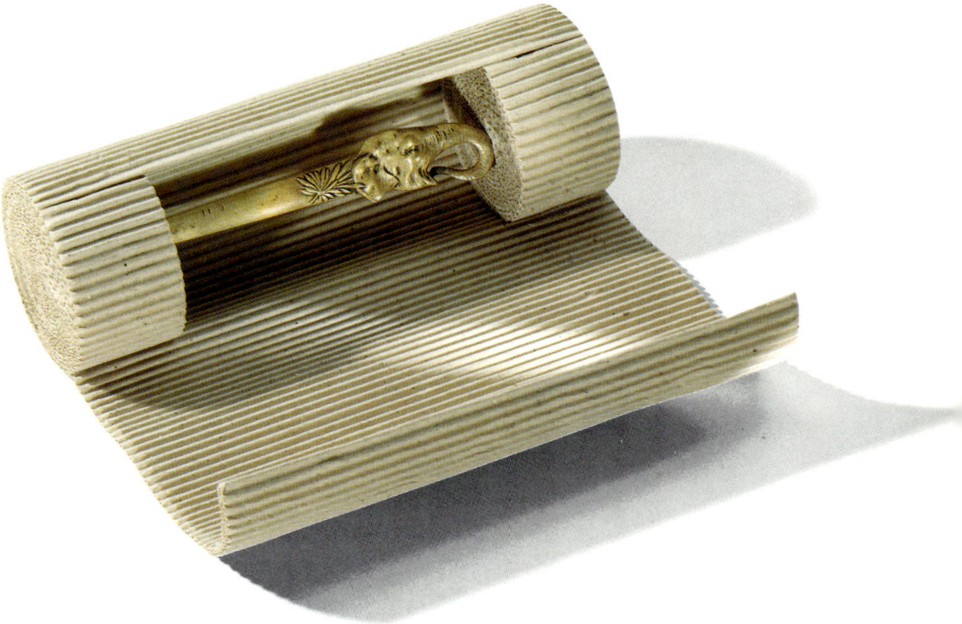

5. Das blaugrüne Papierband um die Rolle legen und in der Mitte mit Kringelband verknoten; dessen Ende dürfen Sie nicht abschneiden!

6. Nun das lila Papierband unter dem blaugrünen hindurchschieben, die Enden in der Mitte übereinanderlegen und mit dem Kringelband verknoten.

7. Jetzt schlagen Sie die Enden des blaugrünen Papierbandes zur Mitte um und verknoten sie mit dem Kringelband. Dessen überstehende Enden abschneiden.

FEUERZEUG

Auftragsbuch Seite 94
Geschenk: Feuerzeug

Anlaß: für einen Herrn, ca. 55 Jahre alt, Antiquitätenhändler mit Schwerpunkt afrikanische Kunst, Raucher von duftenden Havannazigarren; einfach eine Aufmerksamkeit für einen erwiesenen kleinen Gefallen

MATERIAL:
1 Pappkarton eines Markenartikels, hier eines Parfüms, 6 x 5 x 12 cm
2 Lederbändchen, je 1 m lang
1 flacher Schmuckstein mit Loch oder ein Kieselstein von einem Flußufer oder vom Meeresstrand
Klebstoff oder Klebestift

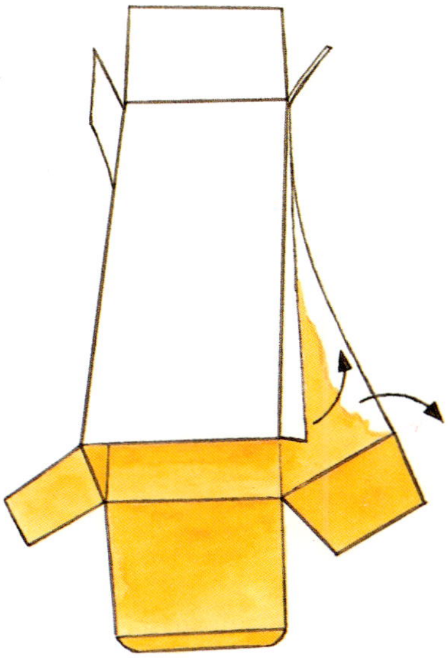

1. Den Karton an der Klebenaht sorgfältig auftrennen.

2. So sieht die Verpackung – flach gelegt – von innen aus. Nicht jede ist innen so schön farbig wie diese.

3. Nun die Verpackung wenden; Sie müssen sie also an den Knicken in die entgegengesetzte Richtung falten. Dann den Karton an der Klebenaht wieder verschließen, das Geschenk hineinlegen und die Kartonlaschen einstecken.

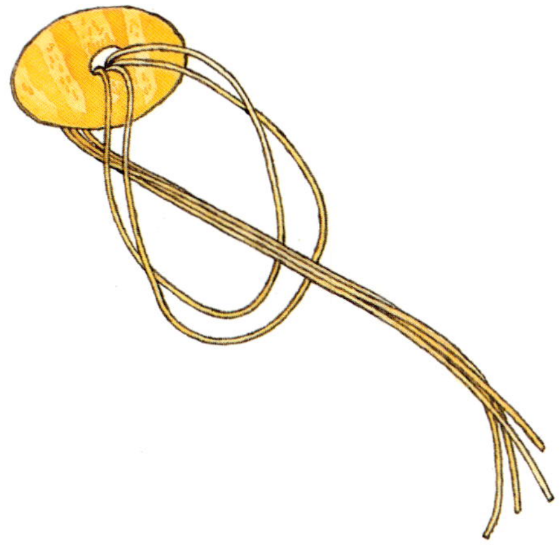

4. Die Lederbändchen legen Sie doppelt und ziehen die vier Stränge durch das Loch des Schmucksteins. Deren Enden, wie gezeigt, durch die Schlaufe führen und etwas straffen.

5. Die Schlaufe legen Sie um die Verpackung, führen die Enden der Lederbänder erneut durch das Loch des Steins und ziehen sie fest.

6. Wie in der Zeichnung zu sehen ist, ziehen Sie jetzt je zwei Enden unter je zwei Bändern der Schlaufe hindurch.

7. Zum Schluß führen Sie die vier Enden der Bänder zusammen und verknoten sie miteinander.

Würfel

Auftragsbuch Seite 80
Geschenk: ein schöner großer Holzwürfel (wie von einem Würfelspiel) als Dekoration oder als Paperweight

Anlaß: für eine Dame in einem Designbüro zum sechsjährigen Firmenjubiläum

MATERIAL:
1 Pappkarton eines Markenartikels, hier in Würfelform, 12 x 12 x 12 cm
3 Bogen verschiedenfarbiges Seidenpapier, je 50 x 70 cm
Klebstoff oder Klebestift

1. Den Karton (innen weiß) sorgfältig auftrennen und mit der Innenseite nach oben flach auf die Arbeitsfläche legen. In drei oder vier Kartonseiten beliebig große „Fenster" einschneiden.

2. Nun die Verpackung wenden; Sie müssen sie also an den Knicken in die entgegengesetzte Richtung falten. Dann den Karton an der Klebenaht wieder verschließen und die Kartonlaschen einstecken. Eine Seite noch offen lassen!

3. Die Seidenpapiere in den Karton so hineinknüllen, daß sie aus den Fenstern wieder austreten. Nun legen Sie das Geschenk hinein und verschließen die Verpackung.

BLUMENVASE

Auftragsbuch Seite 212
Geschenk: gelbe Blumenvase aus Keramik

Anlaß: Polterabend wird gefeiert; das Brautpaar ist bewußt unprätentiös und liebt schlichte Untertreibung

MATERIAL:
1 gebrauchter Pappkarton mit Deckel, 20 x 20 x 20 cm
2 Bogen verschiedenfarbiges, weiches Geschenkpapier, z.B. Strohseide, je 70 x 70 cm

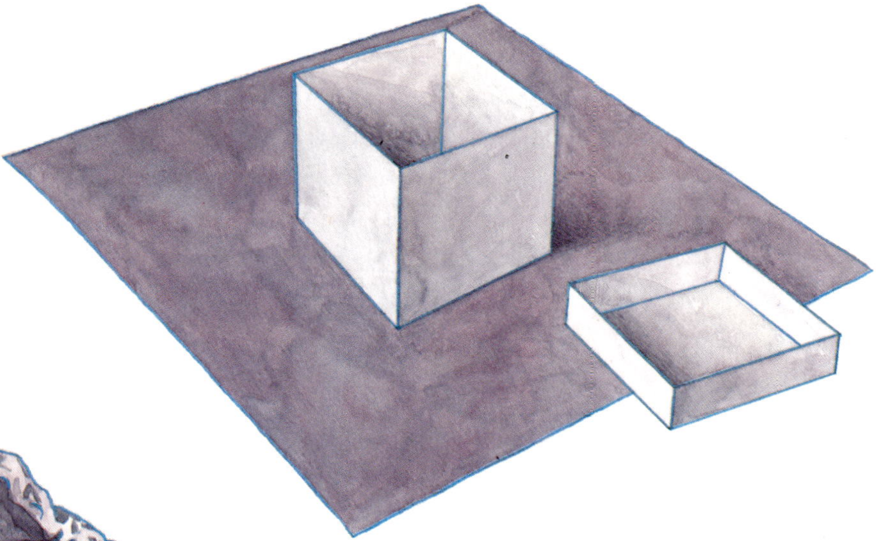

2. Das Papier locker und lose nach innen einschlagen. So haben Sie im Karton ausreichend weiches Material, um nun ein kleineres oder größeres Geschenk – gut gepolstert – hineinlegen zu können.

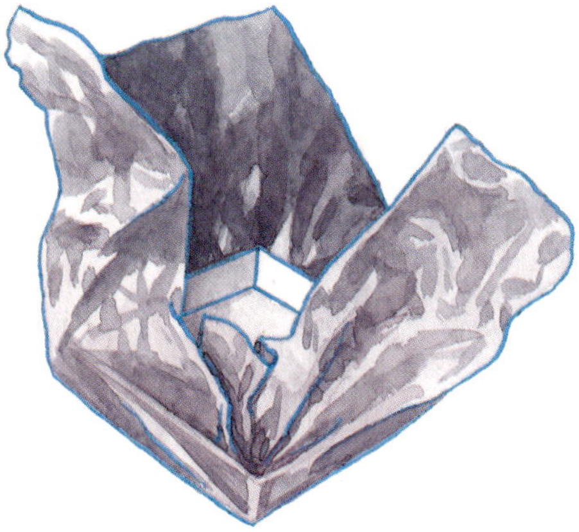

3. Genauso beziehen Sie den Kartondeckel und setzen ihn auf das Unterteil.

Die weiche, flauschige Verpackung ist hier wichtig, um den zerbrechlichen Gegenstand im Kartoninneren zu schützen.

Strukturwandel

KARAFFENSET

Auftragsbuch Seite 108
Geschenk: Karaffenset asiatischer Gewürzflaschen

Anlaß: für eine Freundin, die in einer weit entfernten Großstadt lebt. Das Geschenk wird im Fluggepäck mitgenommen, die Verpackung muß wahrscheinlich beim Zoll geöffnet werden

MATERIAL:
1 gebrauchter Pappkarton, 25 x 17 x 7 cm
1 Bogen Maulbeerbaumrindenpapier, 50 x 80 cm
einfaches und doppelseitiges Klebeband

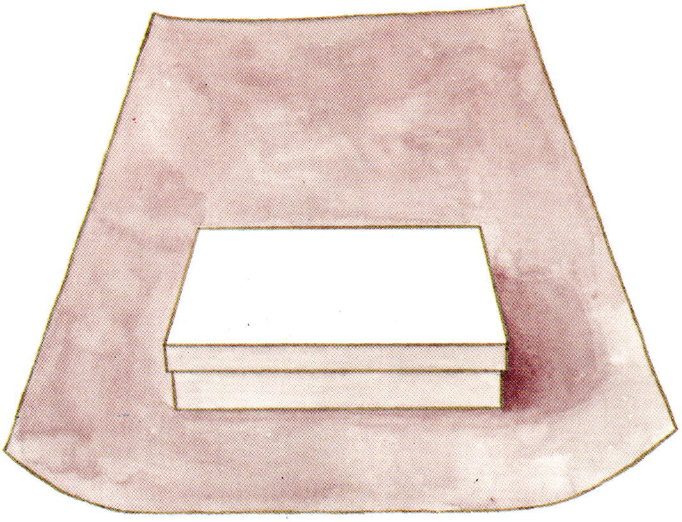

1. Legen Sie das Geschenk in den Karton und stellen Sie ihn, wie gezeigt, vorn auf das Papier.

2. Ziehen Sie zuerst die Längsseiten des Papiers straff über den Karton und beschweren oder halten Sie sie fest.

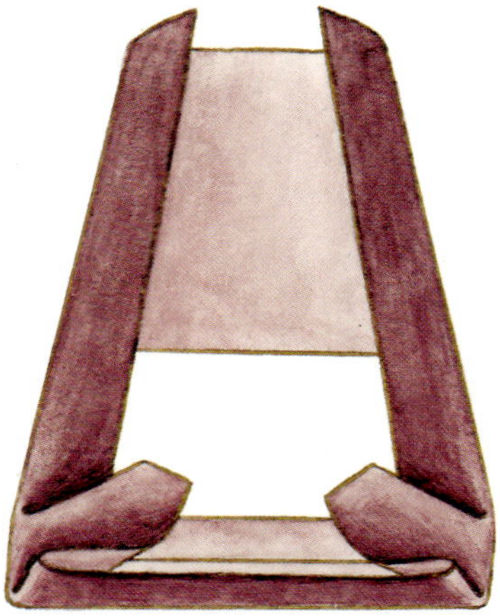

3. Den vorderen Papierrand an den Kartonecken nach innen bündig einknicken und das vorstehende Papier hochziehen.

4. Führen Sie das Papier über den Kartonrand, und fixieren Sie es auf den beiden Längsseiten mit Klebeband.

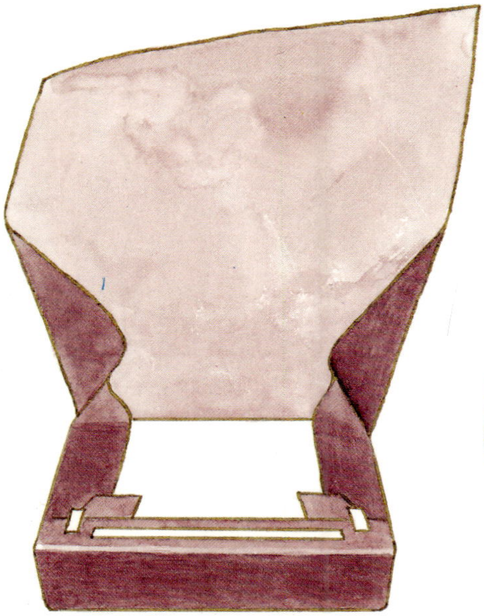

5. Befestigen Sie am vorderen Papierrand doppelseitiges Klebeband. Das hochstehende Papierende einmal schräg nach hinten umknicken.

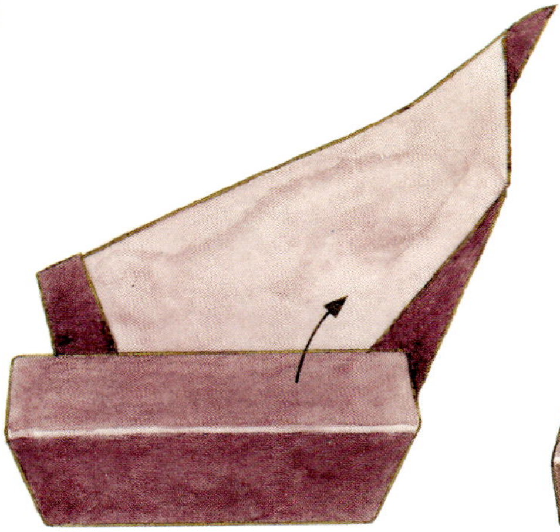

6. Die rechte Papierspitze nach vorn knicken. Dann müssen Sie den Karton so nach hinten auf das Papier kippen, wie es die Zeichnung zeigt.

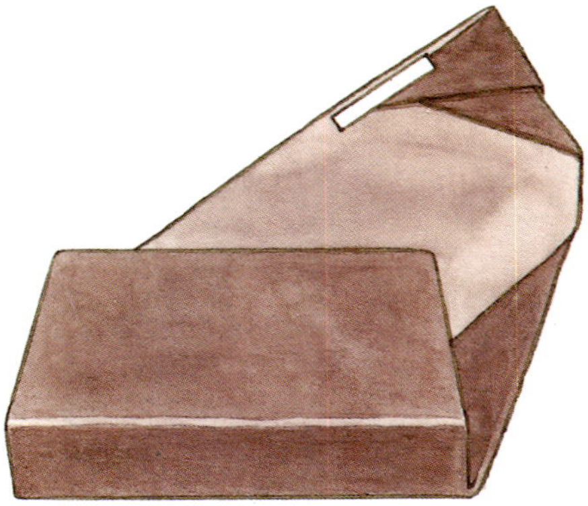

7. Das rechte obere Papierende einmal nach innen einschlagen, darauf doppelseitiges Klebeband befestigen und dann auf der Verpackung fixieren.

Handtasche

Auftragsbuch Seite 41
Geschenk: Damenhandtasche

Anlaß: für den 28. Geburtstag der Ehefrau; sie ist Schwedin, Stewardess, blond, groß und schlank; das Geschenk überreicht er ihr morgens früh

MATERIAL:
1 Bogen Maulbeerbaumrindenpapier, 60 x 90 cm
1 Streifen (wie oben), 65 x 15 cm
einfaches und doppelseitiges Klebeband

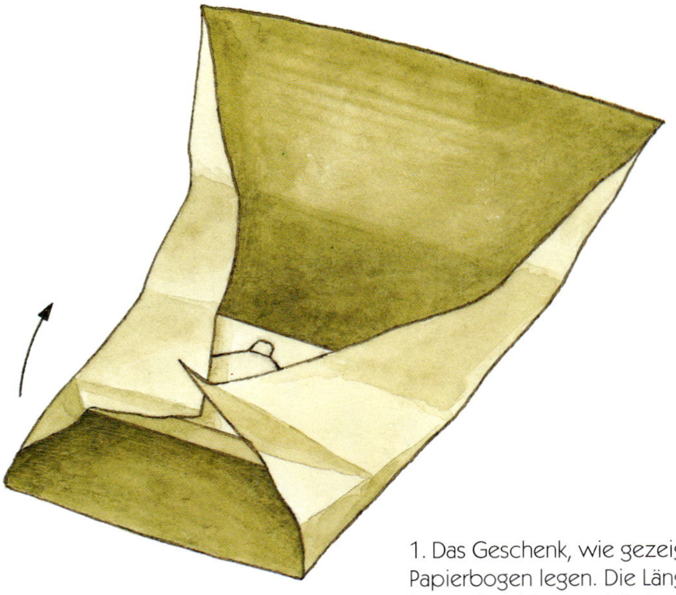

1. Das Geschenk, wie gezeigt, vorn auf den Papierbogen legen. Die Längsseiten so nach innen einschlagen, daß sie sich vorn mit den Spitzen berühren, nach hinten aber viel breiter auslaufen.

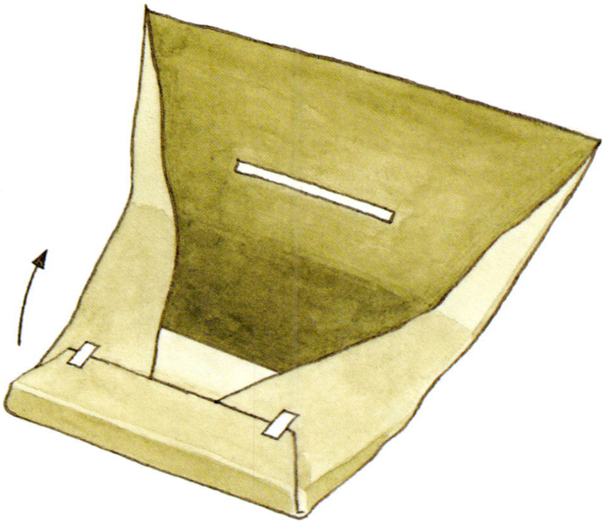

2. Den vorderen Papierrand ein Stück weit über das Geschenk ziehen und auf den Längsseiten mit einfachem oder mit doppelseitigem Klebeband befestigen. Auf der Papierinnenseite fixieren Sie einen Streifen doppelseitiges Klebeband.

3. Die Tasche jetzt einmal nach hinten auf das Papier kippen. Das lang überstehende Papierende nach außen zu einer Rolle wickeln, und zwar bis zum doppelseitiger Klebeband. Damit fixieren Sie die Rolle auf der Oberseite der Verpackung.

4. Den Papierstreifen falten Sie an den Längsseiten wenige Zentimeter nach innen ein und legen ihn dann einmal um die Verpackung herum, auf deren Rückseite Sie die Papierenden mit doppelseitigem Klebeband verschließen.

DAMENGÜRTEL

Auftragsbuch Seite 25
Geschenk: Damengürtel

Anlaß: zum Hochzeitstag für die 32jährige Ehefrau, eine dunkelhaarige, braunäugige, zierliche und ausdrucksvolle Person; sie ist Besitzerin eines Ladens für japanisches Wohnaccessoire

MATERIAL:
1 gebrauchter Pappkarton, 20 x 12 x 5 cm
1 Bogen mattes Recyclingpapier, 60 x 40 cm
16 cm Papierband, 9 cm breit
einfaches und doppelseitiges Klebeband

1. Legen Sie das Geschenk in den Karton, und verfahren Sie gemäß den Schritten 1–4 auf Seite 24/25.

5. Nun schneiden Sie das hintere Papierende schräg ab, falten es oben links einmal ein und kippen dann den Karton nach hinten aufs Papier.

6. Jetzt wickeln Sie die linke Längsseite des Papiers schmal nach innen ein, versehen die Spitze mit doppelseitigem Klebeband und ziehen sie nach vorn über die Verpackung. Auf deren Rückseite befestigen Sie nun die Spitze.

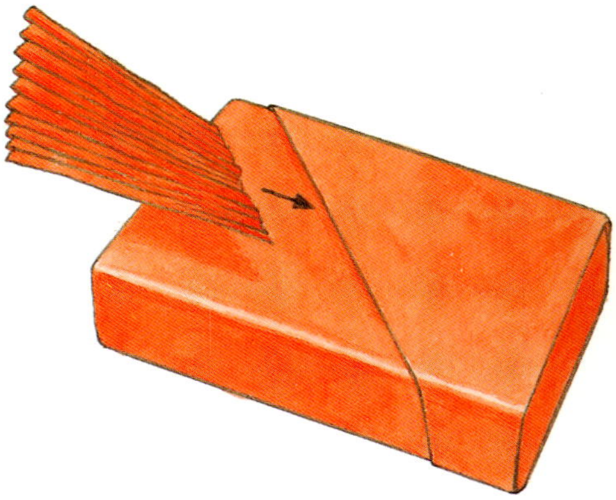

7. Das Stück Papierband schieben Sie unter die schräge Papierfalte. Sie können es zusätzlich mit etwas doppelseitigem Klebeband fixieren.

BRONZEFIGUR

Auftragsbuch Seite 181
Geschenk: Bronzefigur

Anlaß: Ostergeschenk für einen Herrn, ca. 40 Jahre alt, Sammler von kleinen Bronzefiguren; Professor an der Kunstakademie

MATERIAL:
1 gebrauchter Pappkarton, 10 x 10 x 5 cm
1 Bogen Strohseide, 40 x 25 cm
1 Lederbändchen, 75 cm lang
doppelseitiges Klebeband

1. Legen Sie das Geschenk in den Karton, und stellen Sie ihn, wie gezeigt, über Eck in die Mitte des Papiers.

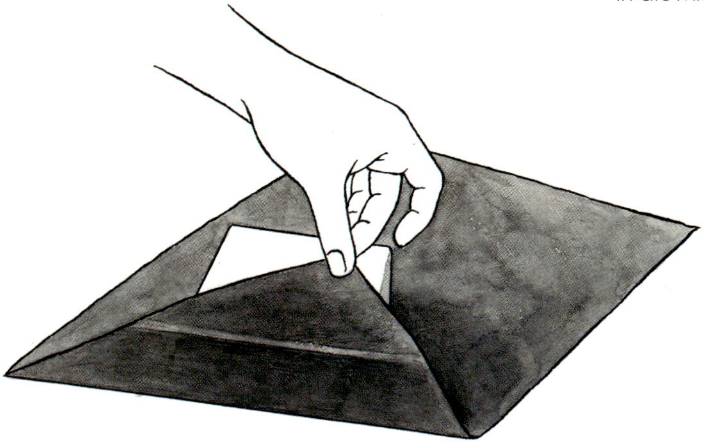

2. Die untere rechte Papierspitze über den Karton ziehen und festhalten.

3. Die untere linke Spitze hochziehen und das Papier an der Kartonkante parallel einfalten. Ziehen Sie die Spitze nun über den Karton, und halten Sie sie ebenfalls fest.

4. Mit der oberen rechten Papierspitze verfahren Sie ebenso.

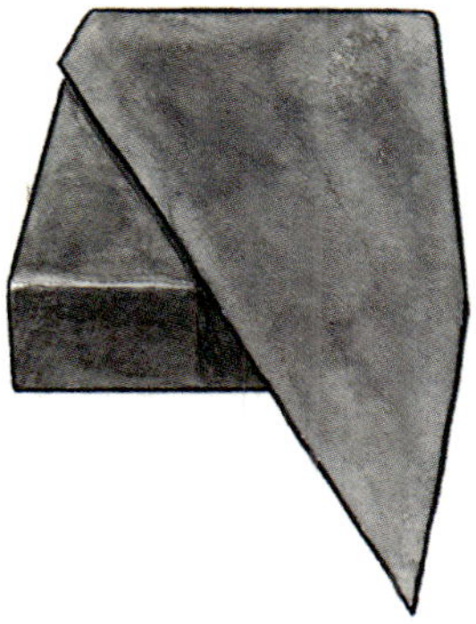

5. Für eine saubere Schräge die letzte Spitze eventuell links etwas einfalten, dann über den Karton ziehen und mit doppelseitigem Klebeband fixieren.

6. Das Lederband zweimal um das Päckchen schlingen. Das eine Ende legen Sie quer über beide Bänder, das andere führen Sie unter beiden hindurch.

7. Nun führen Sie beide Enden, wie gezeigt, wieder zurück, das bedeutet, daß Sie das eine unter und das andere über den Bändchen zu einer Schlinge festziehen.

Stoffsammlung

Brosche

Auftragsbuch Seite 55
Geschenk: Brosche

Anlaß: für eine Kindergärtnerin zum 27. Geburtstag; sie liebt Überraschungen und ihren Beruf; die Verpackung kann sie von den Kindern nachbasteln lassen

MATERIAL:
1 Papprolle, 45 cm lang, 15 cm Durchmesser
1 Bogen Strohseide, 65 x 50 cm
2 Stücke Strohseide, je 20 x 20 cm
1,50 m Papierkordel
Kringelband
Klebstoff oder Klebestift, doppelseitiges Klebeband
Lineal und spitzer Bleistift

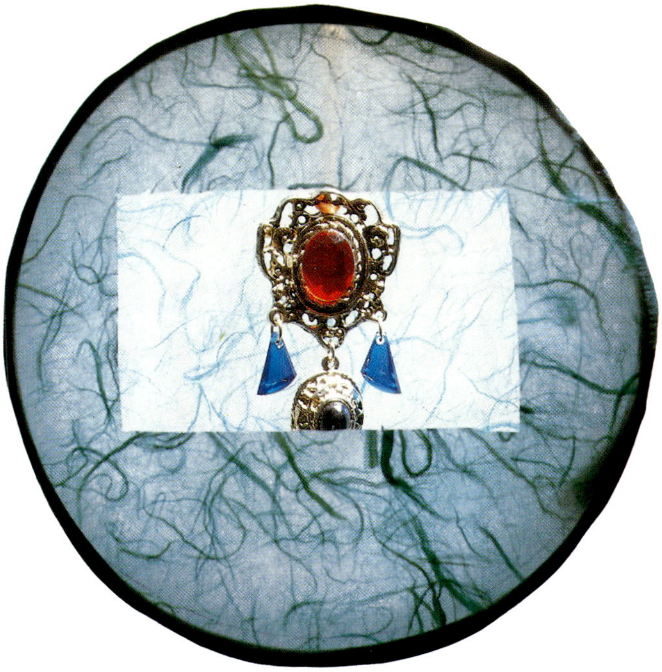

1. Stechen Sie vorsichtig zwei kleine Löcher nebeneinander in die Röhre, und zwar kurz vor dem Rand. Dann hängen Sie den Schmuck an ein Stück Kringelband, ziehen jedes Ende durch eines der Löcher und verknoten das Kringelband so, daß die Brosche auf mittlerer Höhe in der Röhre hängt.

2. Zuerst den Rand der Röhrenöffnung, vor dem der Schmuck hängt, mit Klebstoff bestreichen und mit einem Stück Strohseide bespannen. Sie bildet einen lichtdurchlässigen Hintergrund.

3. Bekleben Sie nun die andere Röhrenöffnung ebenfalls mit einem Stück Strohseide, und schneiden Sie vorsichtig ein kleines Guckloch, 3 x 2 cm, ein. Zeichnen Sie einen Pfeil auf, der die richtige Stellung der Röhre angibt, in der man das Geschenk durch das Guckloch hindurch hängen sehen kann.

4. Den Bogen Strohseide so weit an den Längsseiten nach innen einschlagen, daß er genau die Breite der Röhre hat. Diese bestreichen Sie nun mit Klebstoff und legen sie danach auf das eine Ende der Strohseide. Drücken Sie sie gut an, und rollen Sie die Röhre bis zum Papierende weiter.

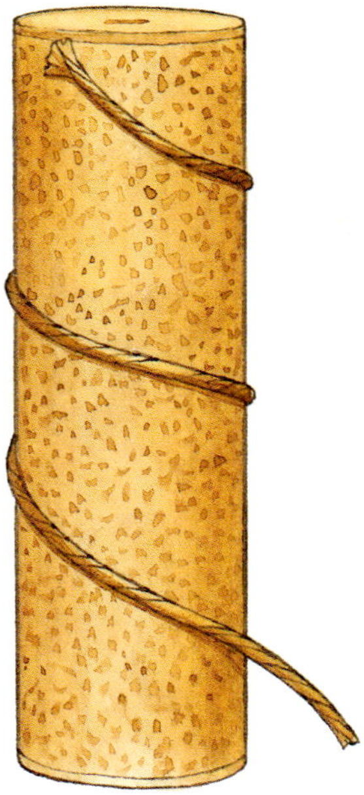

5. Die Papierkordel schlingen Sie diagonal um die Röhre und befestigen die Enden mit doppelseitigem Klebeband.

OHRCLIPS

Auftragsbuch Seite 123
Geschenk: Ohrclips

Anlaß: eine Gratulation zur bestandenen Prüfung als Bühnenbildnerin; eine romantische junge Dame mit einer Vorliebe für alles Alte wie Kleidungsstücke, Möbel, Bilder

MATERIAL:
1 Geschenkkarton, der mit buntbedrucktem Packpapier bezogen ist, 25 x 18 x 8 cm
1 Bogen Strohseide, 50 x 70 cm
1 Bogen Seidenpapier, 50 x 70 cm
1 Streifen bedrucktes Packpapier, 65 x 20 cm
50 cm Papierkordel
doppelseitiges Klebeband
Lineal und Bleistift

1. Ein Guckloch, 3 x 2 cm, in eine Schmalseite des Kartonunterteils schneiden sowie einen Lichtschlitz, 15 x 2 cm, in den Kartondeckel, und zwar am Rand, parallel zur Schmalseite.

2. Das Kartonunterteil legen Sie mit Seidenpapier aus und befestigen es am oberen Kartonrand mit doppelseitigem Klebeband. Die Papierkordel an einem Ende wenige Zentimeter weit aufdrehen und auffächern. Dort hängen Sie den Schmuck an. Kleben Sie die Papierkordel mit den Ohrclips an der dem Guckloch gegenüberliegenden Schmalseite im Inneren fest. Setzen Sie den Deckel so auf das Kartonunterteil, daß sich der Lichtschlitz oberhalb des Schmucks befindet.

3. Jetzt legen Sie die Strohseide schräg über den Lichtschlitz und über rund die Hälfte der Deckellänge und ziehen die Längsseiten des Papiers unter den Karton. Dort befestigen Sie sie und zudem, wie abgebildet, den überstehenden Strohseiderand mit doppelseitigem Klebeband.

4. Den Streifen Packpapier so lange knüllen, bis dieses normalerweise etwas steife Material viele kleine Falten hat, und es sich so weich wie Stoff oder Leder anfühlt. Streichen Sie den Papierstreifen etwas glatt, und schlagen Sie die Längsseiten wenige Zentimeter nach innen ein.

5. Machen Sie einen Knoten in den Streifen, den Sie anschließend entlang der Schräge der Strohseide um den Karton herumlegen. Die Papierenden mit doppelseitigem Klebeband aufeinander fixieren.

WEINFLASCHEN

Auftragsbuch Seite 49
Geschenk: zwei Weinflaschen

Anlaß: ein Mitbringsel zur Party bei einem jungen Studentenpärchen; die Verpackung soll preiswert und praktisch sein

MATERIAL:
1 Stück Stoff, 110 x 60 cm
doppelseitiges Klebeband

1. Beide Flaschen in einem Abstand von 10–15 cm – mit den Böden zueinander – schräg auf eine Stoffecke legen.

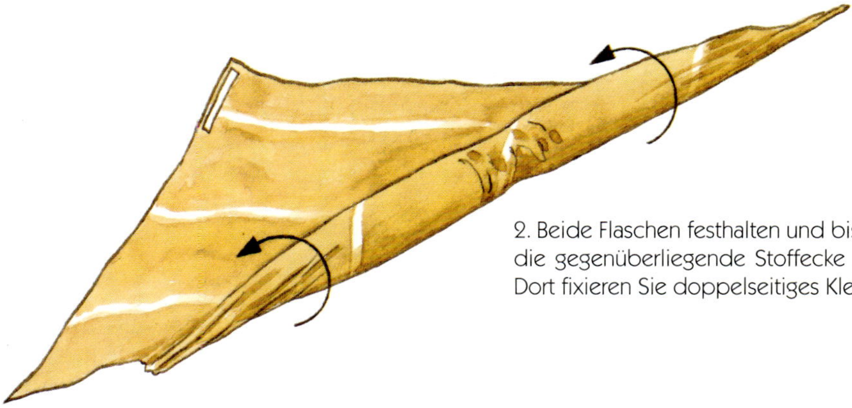

2. Beide Flaschen festhalten und bis kurz vor die gegenüberliegende Stoffecke einrollen. Dort fixieren Sie doppelseitiges Klebeband.

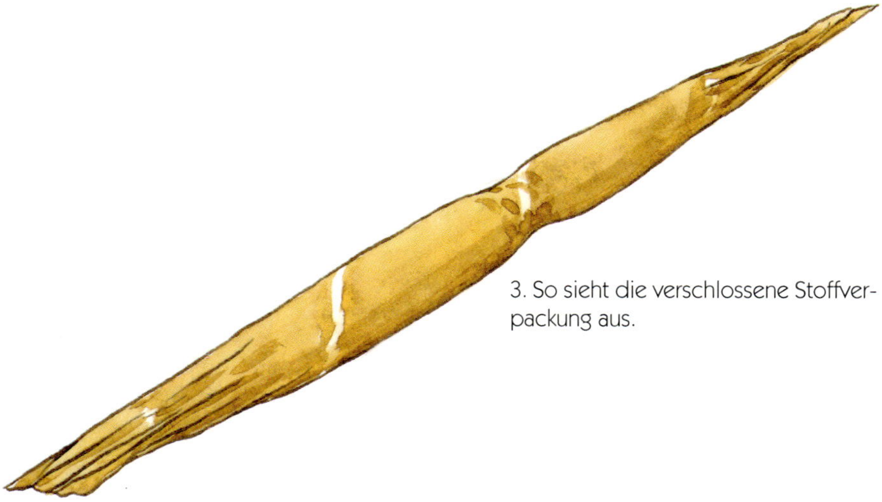

3. So sieht die verschlossene Stoffverpackung aus.

4. Über den Flaschenhälsen haben Sie ausreichend überstehenden Stoff, mit dem Sie die Flaschen hochheben können. Stellen Sie sie auf die Arbeitsfläche.

5. Die Stoffenden binden Sie mit einem Doppelknoten zusammen. So entsteht ein richtiger Tragegriff.

Cocktailshaker

Auftragsbuch Seite 111
Geschenk: Cocktailshaker

Anlaß: ein Geschenk für einen Freund zum 50. Geburtstag; er ist Textilingenieur und Hobbyzeichner; die Feier findet am Urlaubsort statt, das Geschenk wird im vollgepackten Auto mitgenommen

MATERIAL:
1 gebrauchter Pappkarton, 36 x 13 x 13 cm
1 Stück Stoff, 120 x 120 cm
Kringelband

1. Das Geschenk in den Karton legen und diesen, wie gezeigt, auf eine Stoffecke stellen. Nun wickeln Sie den Karton bis zur gegenüberliegenden Ecke ein.

2. Die seitlich überstehenden Stoffenden wie eine Papierkordel zusammendrehen.

4. Die Stoffkordeln legen Sie über Kreuz und die Enden führen Sie unter den Karton.

3. Die Kordelenden eng zusammendrehen und hochziehen.

5. Die Kordelenden auf der Unterseite der Verpackung mit Kringelband verknoten.

Geografik

SCHULTERTUCH

Auftragsbuch Seite 303
Geschenk: Schultertuch

Anlaß: der 3. Preis bei einem Verkaufswettbewerb an 60 Damen einer bekannten Fluggesellschaft; die Verpackung soll die Firmenfarben, das Logo und das Unternehmenskonzept widerspiegeln

MATERIAL:
1 Bogen Papier, 70 x 100 cm
1 m Papierstreifen, 15 cm breit
doppelseitiges Klebeband

1. Das Geschenk in die Mitte des Papiers legen und mit etwas doppelseitigem Klebeband leicht befestigen. Keine Angst, es läßt sich von den meisten Materialien leicht spurenlos ablösen!
Beginnen Sie mit dem linken unteren Papierrand, und schlagen Sie ihn, wie gezeigt, nach innen ein. Faltgrößen und -winkel lassen sich bei dieser Verpackungsart nicht exakt nachmachen, zudem ist es unerheblich, ob das entstehende Dreieck etwas größer oder kleiner wird.
Falten Sie nun das Papier weiter, wie es die Abbildungen 2–6 zeigen.

1

2

3

4

5

6

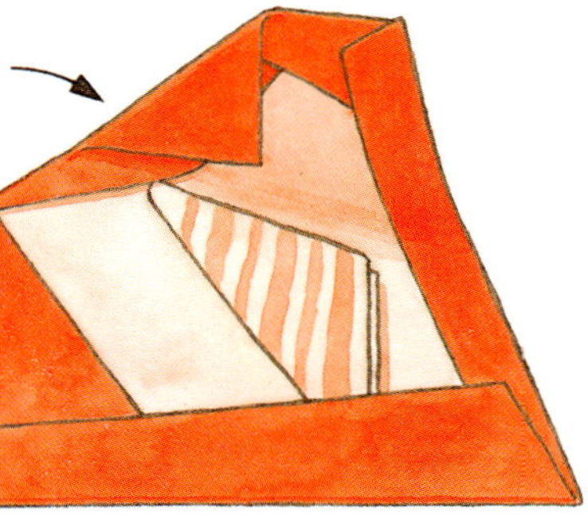

7. Heben Sie jetzt das hintere Papierdrittel an, und ziehen Sie es so weit nach vorn, daß es einen Großteil des Geschenks bedeckt. Das Papier festhalten!

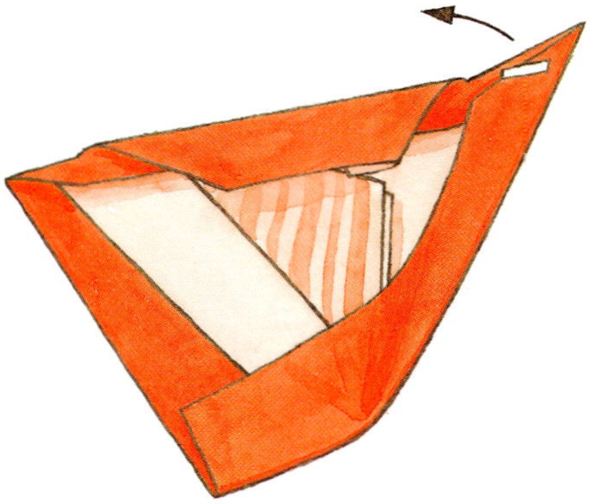

8. Die untere rechte Papierseite ziehen Sie ebenfalls über das Geschenk und befestigen sie mit doppelseitigem Klebeband.

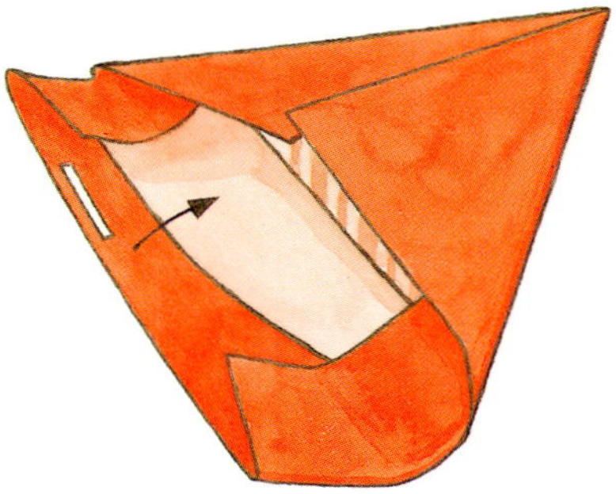

9. Jetzt haben Sie eine tütenähnliche Hülle; die noch offene Papierseite wird nun zur Mitte hin umgeschlagen und mit doppelseitigem Klebeband befestigt.

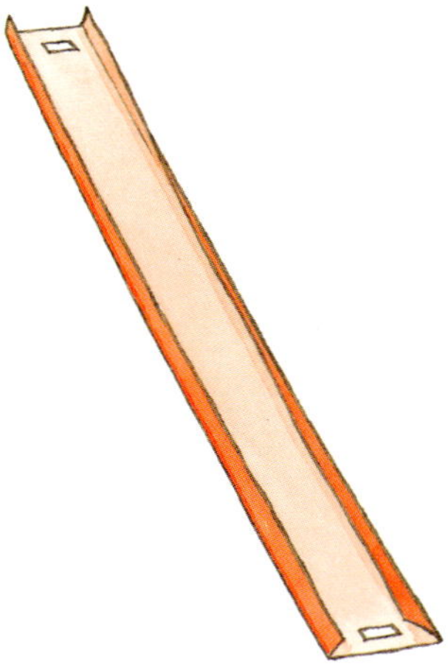

10. Falten Sie den Papierstreifen an den Längsseiten wenige Zentimeter nach innen ein, und fixieren Sie unten rechts doppelseitiges Klebeband.

11. Nun legen Sie den Papierstreifen um das bewußt großzügig geformte Dreieck, auf dessen Rückseite Sie die Papierenden mit doppelseitigem Klebeband aufeinander befestigen.

HERRENPULLOVER

Auftragsbuch Seite 222
Geschenk: Herrenpullover

Anlaß: zum 25. Geburtstag von Sohn Frank; er soll nicht gleich sehen, daß er den blauen Pullover bekommt, den er sich schon seit langem wünscht; kein Transportproblem, Frank kommt zu seinen Eltern nach Hause

MATERIAL:
1 Bogen Papier, 70 x 70 cm
4 Bogen Seidenpapier, je 50 x 70 cm
30 cm Papierkordel
einfaches Klebeband
spitzer Bleistift

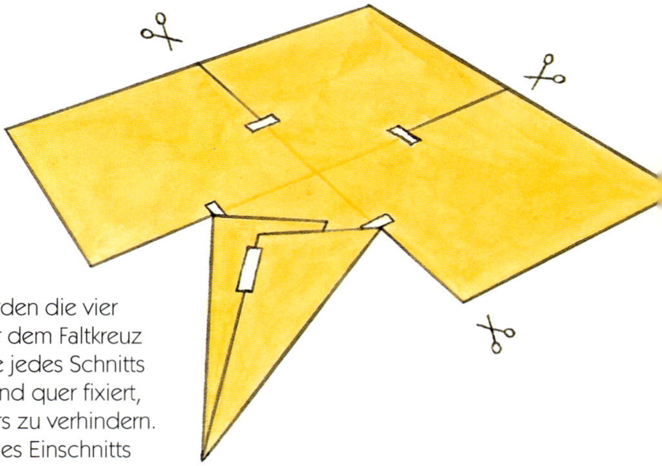

3. Bei diesem Geschenk wurden die vier Knicke bis jeweils 15 cm vor dem Faltkreuz eingeschnitten und am Ende jedes Schnitts ein Stück einfaches Klebeband quer fixiert, um das Einreißen des Papiers zu verhindern. Nun falten Sie vom Ende eines Einschnitts das Papier bis zur Ecke schräg nach innen ein. Dorthin knicken Sie ebenfalls das Papier vom anderen Einschnitt her nach innen und befestigen es mit einfachem Klebeband. So entsteht, wie gezeigt, eine Sternspitze.

1. Das Papier falten Sie einmal längs auf halbe Breite und öffnen es dann wieder.

4. Nachdem Sie mit den drei anderen Ecken sinngemäß gleich verfahren sind, liegt nun die flache Form eines vierzackigen Sterns vor Ihnen.

2. Nun knicken Sie das Papier einmal quer auf halbe Breite zusammen und öffnen es.

5. Jetzt schlagen Sie das Geschenk locker in die Seidenpapierbögen ein und legen es in die Sternmitte.

6. Stechen Sie mit einem spitzen Bleistift je ein Loch oben in jede Sternspitze. Dann nehmen Sie diese hoch und führen sie über dem Geschenk zusammen. Zum Schluß führen Sie die Papierkordel durch alle Löcher und verknoten die Enden. So entsteht eine Trageschlaufe.

Buch

Auftragsbuch Seite 315
Geschenk: Buch

Anlaß: für den Geburtstag seiner Freundin; es soll eine einfache Geschenkverpackung sein, sie weiß, daß er nicht gut verpacken kann, und doch soll es selbstgemacht aussehen

MATERIAL:
1 Bogen Papier, 30 x 55 cm
1 m Papierkordel
einfaches und doppelseitiges Klebeband

1. Legen Sie das Geschenk auf das Papier, und verfahren Sie gemäß den Schritten 1–4 auf der Seite 24/25.

5. Drücken Sie das Papier an den hinteren Geschenkecken nach innen ein. Dadurch entstehen kleine Dreiecke. Halten Sie sie jetzt fest, und stellen Sie das Geschenk senkrecht.

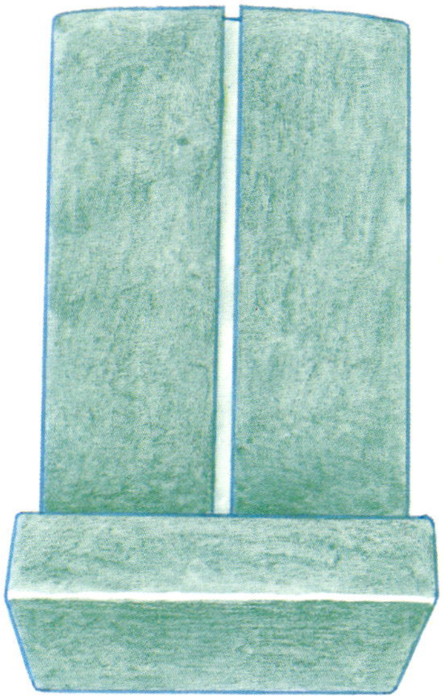

6. Die Dreiecke legen sich wie von selbst auf die Längsseiten, wenn Sie das Geschenk nun ganz nach hinten auf das Papier kippen.

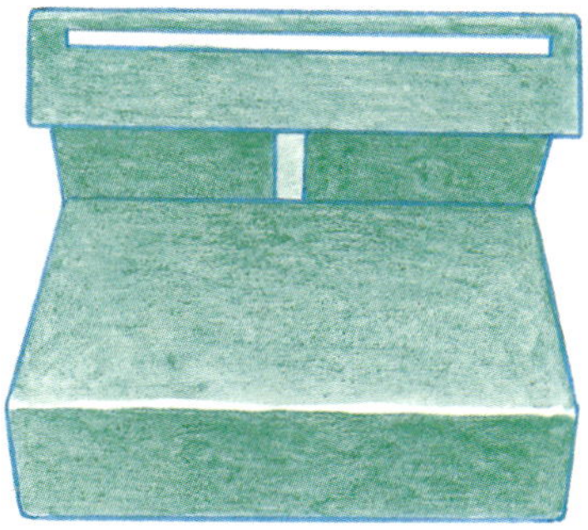

7. Jetzt ziehen Sie den hinteren Papierteil nach vorn und falten den Rand so nach innen ein, daß er bündig mit der vorderen Geschenkkante abschließt. Dann fixieren Sie doppelseitiges Klebeband auf dem Papierrand und verschließen die Verpackung.

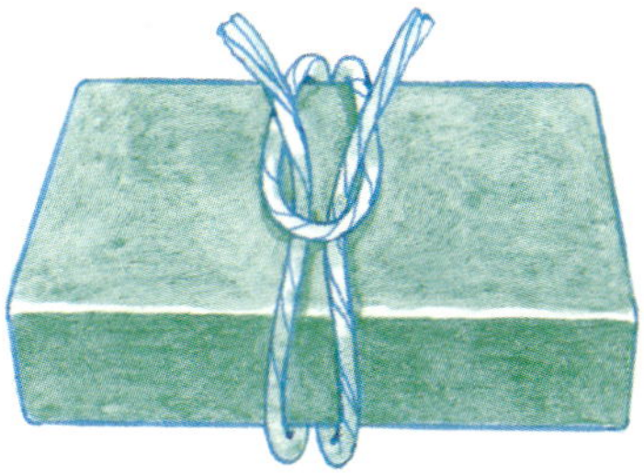

8. Die Papierkordel doppelt nehmen und von unten um die Verpackung legen.

9. Die Kordelenden durch die Schlaufe ziehen, zu einem breiten Band aufdrehen und wie einen Fächer hochstellen.

Hüfttuch

Auftragsbuch Seite 265
Geschenk: Hüfttuch aus Kenia

Anlaß: eine Erinnerung an eine gemeinsame Reise; die Verpackung soll die Atmosphäre des Urlaubs widerspiegeln; am besten durch eine blütenähnliche Dekoration

MATERIAL:
1 gebrauchter Pappkarton, 16 x 16 x 5 cm
1 Bogen Papier, 60 x 35 cm
6 Stücke verschiedenfarbige Papierkordel, je 20 cm lang
50 cm Papierband, 5 cm breit
Kringelband
einfaches und doppelseitiges Klebeband

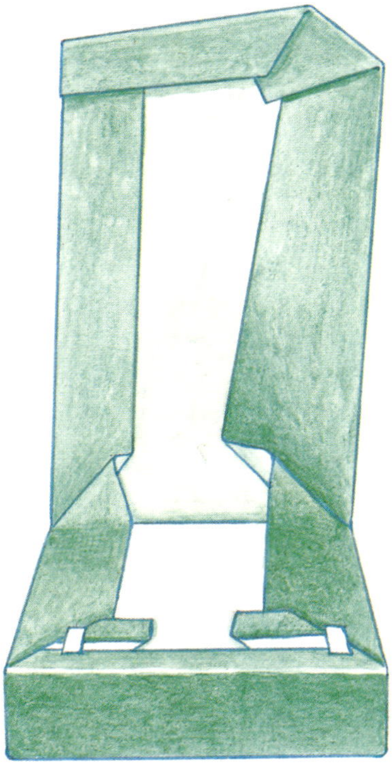

1. Legen Sie das Geschenk in den Karton, stellen Sie ihn auf das Papier, und verfahren Sie dann gemäß den Schritten 1–4 auf Seite 24/25.

5. Die Längsseiten, wie gezeigt, nach innen falten, die rechte jedoch nicht parallel zum Geschenk, sondern etwas ausgestellt falzen. Dann das Geschenk nach hinten auf das Papier kippen.

6. Den oberen Papierrand knicken Sie nach innen und fixieren doppelseitiges Klebeband. Dann die rechte Ecke zusätzlich nach innen falten. Jetzt kleben Sie den Papierrand auf dem Geschenk fest.

7. Das Geschenkband auf der Verpackungsoberseite mit Kringelband zusammenfügen. Die Enden nicht abschneiden!

8. Die sechs Stücke Papierkordel werden in deren Mitte aufgedreht, so daß eine Art Ballon entsteht.

9. Die Ballons an jeweils einem Kordelende mit dem Kringelband verknoten.

Ölbild

Auftragsbuch Seite 305
Geschenk: ein kleines Ölbild

Anlaß: ein Motiv aus der Gegend als Dankeschön für die Hilfe bei der Obsternte

MATERIAL:
1 Bogen buntbedrucktes Packpapier, 65 x 40 cm
65 cm Juteband, 3,5 cm breit
25 cm Papierkordel
einfaches und doppelseitiges Klebeband

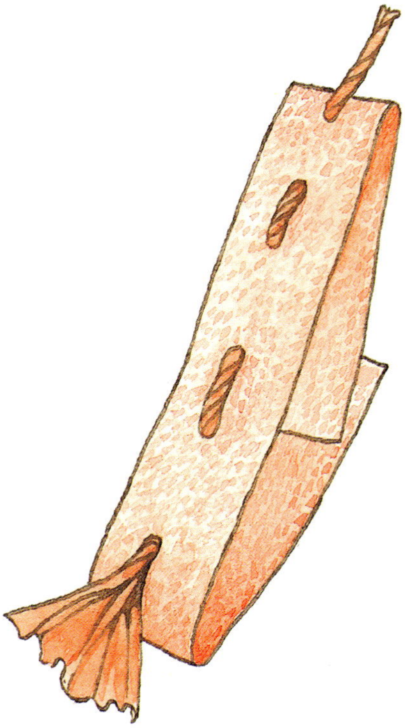

1. Legen Sie das Geschenk auf das Papier, und verfahren Sie gemäß den Schritten 1–4 auf Seite 24/25 und den Schritten 5–7 auf Seite 48/49.

8. In der Mitte der Bandlänge stechen Sie nun – in gleichmäßigen Abständen – sechs Löcher in das Juteband und ziehen die Papierkordel hindurch. Deren Enden fächern Sie anschließend auf.

9. Das so geschmückte Juteband um das Geschenk legen und auf dessen Rückseite die Bandenden mit doppelseitigem Klebeband aufeinander befestigen.

Die neuen Wilden

Damenring

Auftragsbuch Seite 280
Geschenk: Ring

Anlaß: ein Weihnachtsgeschenk für seine Freundin; sie liebt Farben und neue Ideen; die Verpackung muß außergewöhnlich sein; das Geschenk soll sie gleich erkennen, ohne es auswickeln zu müssen

MATERIAL:
1 Stück feste Pappe, 50 x 25 cm
1 Bogen Strohseide, 70 x 50 cm
6 Stücke verschiedenfarbiges Papierband, je 30 cm lang, 9 cm breit
Kringelband
doppelseitiges Klebeband
spitzer Bleistift

1. Legen Sie die Pappe auf die Strohseide, deren Längsseiten Sie straff darüberziehen und festkleben.

2. Dann knicken Sie den vorderen Papierrand über die Pappe und fixieren ihn darauf. Falzen Sie den hinteren Strohseiderand nach innen ein, und ziehen Sie ihn nach vorn über den Papierrand. Dort befestigen Sie ihn mit doppelseitigem Klebeband.

In die Mitte der bezogenen Pappe stechen Sie nebeneinander zwei kleine Löcher. Dann ziehen Sie das Kringelband zuerst durch den Ring, danach durch die Löcher und verknoten die Enden auf der Rückseite der Pappe.

Zum Schluß führen Sie die sechs Papierbänder durch den Ring und spreizen sie an beiden Seiten gleichmäßig.

MIKADO

Auftragsbuch Seite 72
Geschenk: Mikadospiel

Anlaß: für den Kuraufenthalt eines Freundes, es soll nur gebrauchtes Papier verwendet werden

MATERIAL:
1 Stück feste Pappe, 50 x 30 cm
1 Bogen gebrauchtes Geschenkpapier, 50 x 30 cm
1 Bogen mattes Recyclingpapier, 70 x 100 cm
Kringelband
doppelseitiges Klebeband
spitzer Bleistift

Die Pappe – wie auf Seite 56/57 beschrieben – mit dem Recyclingpapier überziehen. Das gebrauchte Packpapier so lange knüllen, bis es weich geworden ist und sich wie Stoff oder Leder anfühlt. Streichen Sie es ein wenig glatt, und kleben Sie es dann an einigen Stellen auf die Pappe. So entsteht ein Gebirge.
Stecken Sie nun hier und da einige Mikadostäbe durch das Packpapier hindurch. Um den Mikadoköcher zu befestigen, legen Sie ihn auf die bezogene Pappe und stechen links und rechts je ein Loch mit dem spitzen Bleistift in die Pappe. Legen Sie ein Stück Kringelband über den Köcher, und ziehen Sie es durch die Löcher. Dann verknoten Sie die Enden auf der Rückseite der Pappe. Ein kleines Bündel Mikadostäbe binden Sie dementsprechend gleich fest.

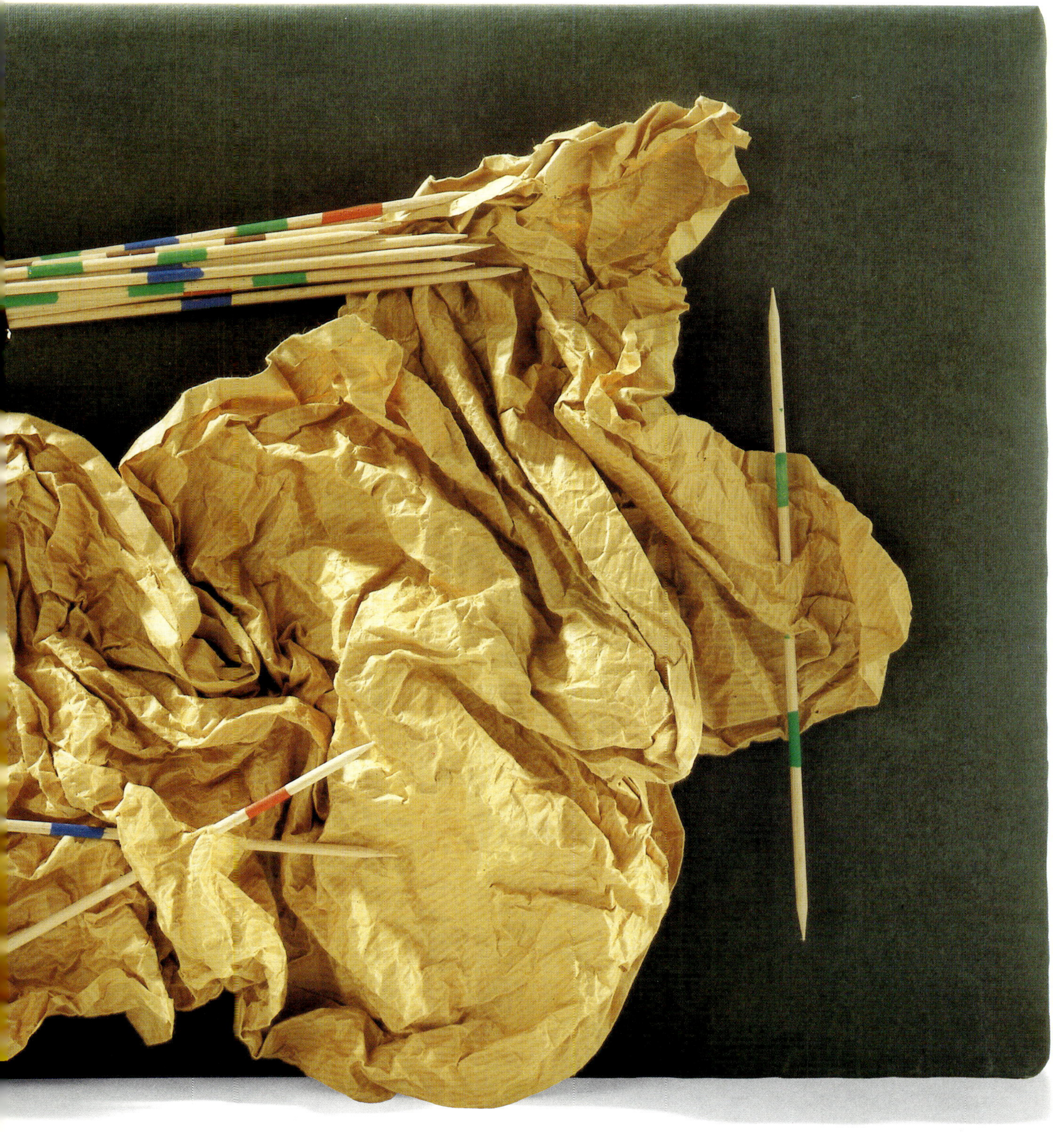

Perlenkette

Auftragsbuch Seite 169
Geschenk: Perlenkette

Anlaß: ein Geschenk für die viel jüngere Freundin, die bei einem Juwelier arbeitet und immer wieder neue Dekorationsideen finden muß; für die Verpackung sollen nur gebrauchte Materialien eingesetzt werden

MATERIAL:
(1 gebrauchter Geschenkkarton 8 x 12 cm)
1 Stück feste Pappe, 70 x 100 cm
1 Bogen mattes Recyclingpapier, 70 x 100 cm
1 Bogen Strohseide, 70 x 100 cm
Klebstoff oder Klebestift, doppelseitiges Klebeband

Überziehen Sie die Pappe – wie auf Seite 56/57 beschrieben – mit Recyclingpapier.
Befestigen Sie in der Mitte der Platte das Geschenk. Legen Sie es dazu entweder in einen Karton, den Sie auf der bezogenen Platte festkleben, oder binden Sie es mit Kringelband fest, wie auf Seite 56/57 beschrieben.
Tragen Sie nun Klebstoff um das Geschenk herum auf der ganzen Platte auf, lassen dabei deren Rand jedoch rund 10 cm frei. Die Strohseide über das Geschenk stülpen und an den Klebestellen andrücken.

Reisewecker

Auftragsbuch Seite 259
Geschenk: Reisewecker

Anlaß: für den Urlaub eines Freundes, der moderne Kunst sammelt; vielleicht hängt er sich diese Verpackung als Erinnerung an die Wand

MATERIAL:
1 Geschenkkarton, 8 x 6 x 2,5 cm
1 Stück feste Pappe, 70 x 50 cm
1 Stück Wellpappe (einseitig mit Papier beklebt), 70 x 50 cm
1 Bogen mattes Recyclingpapier, 70 x 50 cm
Klebstoff oder Klebestift
doppelseitiges Klebeband
(spitzer Bleistift, Kringelband)

Die glatte Seite der Wellpappe kleben Sie auf die feste Pappe. Dann legen Sie das Geschenk in die Schachtel.
Nun knüllen Sie das Recyclingpapier so lange, bis es sich so weich wie Stoff oder Leder anfühlt. Streichen Sie es ein wenig glatt, und fixieren Sie jetzt viele Streifen doppelseitiges Klebeband auf den Rillen der Wellpappe. Darauf befestigen Sie das geknautschte Papier.
Suchen Sie nun ein Plätzchen in den Papierfalten, in dem Sie das Geschenkschächtelchen einklemmen oder -kleben können.

Wenn Sie wollen, können Sie in den Wellpapperand mit einem spitzen Bleistift ein Loch stechen, Kringelband hindurchziehen und verknoten. Das ist der Aufhänger für dieses „Verpackungsbild".

Von Packo Jansen ist bereits erschienen:
„Geschenke wunderschön verpacken"
(1113)

Die Deutsche Bibliothek – CIP-Einheitsaufnahme

Geschenke umweltfreundlich verpacken /
Packo Jansen. [Fotos: Ramon Schicht.
Zeichnungen: Thomas Müller]. –
Niedernhausen/Ts. : FALKEN, 1992
(Kunst und Hobby)
ISBN 3-8068-1240-3
NE: Jansen, Packo; Schicht, Ramon

ISBN 3 8068 1240 3

Titelbild und Fotos: Ramon Schicht-pool Gesellschaft für Werbefotografie mbH, Griesheim
Zeichnungen: Thomas Müller, Göttingen
Die Ratschläge in diesem Buch sind von dem Autor und vom Verlag sorgfältig erwogen und geprüft, dennoch kann eine Garantie nicht übernommen werden. Eine Haftung des Autors bzw. des Verlags und seiner Beauftragten für Personen-, Sach- und Vermögensschäden ist ausgeschlossen.
Satz: Dinges & Frick GmbH, Wiesbaden
Druck: Appl, Wemding
Papier: BVS matt, doppelt mattgestrichen, chlorfrei der Papierfabrik Scheufelen, Lenningen
817 2635 4453 6271

Für Rückfragen steht Ihnen Packo Jansen Geschenkverpackungsdienst, Herr Walter Jansen, in Frankfurt/Main gern zur Verfügung.

Die Entwürfe und die Ausführungen stammen von:
Susanne Boelke
Monika Funck
Packo Jansen
Heike Schult
Klaudia Tasevska

Umweltfreundliches Papier, hergestellt aus chlorfrei gebleichtem Zellstoff